MANUAL DE ORTOGRAFÍA
FÁCIL Y SENCILLO

Manual de Ortografía
Fácil y Sencillo

EDITORIAL ÉPOCA, S.A. de C.V.
Emperadores No. 185
Col. Portales
03300 México, D.F.

Manual de ortografía fácil y sencillo

© Derechos reservados
© Por Editorial Época, S.A. de C.V.
Emperadores No. 185
03300-México, D.F.
E-mail: edesa@data.net.mx

ISBN-970627302-4

Impreso en México - *Printed in Mexico*

INTRODUCCIÓN

La ortografía ha representado un verdadero problema tanto para los alumnos desde la escuela primaria, hasta para las personas adultas; y es que no es risible que una persona que cursa la licenciatura o que se desempeña como un profesional, sepa recitar todas las reglas ortográficas pero muchas veces no sepa escribir correctamente, debido a que no sabe dónde colocar el punto, la coma o el acento de las palabras. Pero el verdadero problema recae en que muchas veces los libros, incluso hasta los maestros, enseñan estas reglas de una forma tan complicada que recordarlas todas se vuelve un problema.

Actualmente está comprobado que la mejor forma de aprendizaje, es la práctica; pero no podríamos llegar a ella sin antes observar un ejemplo tangible de lo que se está hablando, sólo de esta manera nos será más fácil y sencillo aplicar los conocimientos adquiridos.

El presente ejemplar nos muestra de una forma detallada, a manera de que no sólo aprenda sino que comprenda también, las principales reglas ortográficas, para que no sólo usted sino toda su familia aprenda a escribir correctamente nuestro idioma, ya que el hablar y escribir bien nuestra lengua, nos identifica como personas cultas y capaces de sobresalir en todos los ámbitos sociales en los que nos desarrollemos.

Le invitamos a hacer de este ejemplar su manual que le ayudará a que la ortografía se vuelva no una tarea complicada sino un hábito dentro de nuestra vida cotidiana.

ORTOGRAFÍA EN LA GRAMÁTICA

Antes de comprender qué es la ortografía, debemos poner especial atención en la gramática; de esta manera sabemos que la gramática es el estudio y descripción del lenguaje como sistema, y el interés por conocer ésta fue iniciado en España. Posteriormente, en el siglo XVI, aparecieron las gramáticas italiana, francesa y portuguesa, las cuales se derivan del latín. Durante largo tiempo el estudio gramatical se efectuó con un criterio selectivo, pues consideraba que no cualquier lengua era digna de ser estudiada. Sin embargo, en 1713 se funda la Real Academia Española de la Lengua y en el año 1771 se publica la primera edición de la *Gramática de la Real Academia* que ofrece y establece su propósito exclusivamente normativo; de esta forma se concibió a la gramática como una teoría del idioma. Y es precisamente la ortografía la parte de la gramática que contiene todas las normas y reglas empleadas para escribir correctamente nuestro idioma. Recordemos que el idioma español es una lengua neolatina y es la oficial de España e Hispanoamérica.

Es la lengua más difundida de todas las que proceden del latín, esto se debe a que los españoles la propagaron como medio de expresión en América, norte de África y en Oceanía. Actualmente, alrededor de 450 millones de personas hablan español en 22 países.

EL ABECEDARIO

También conocido como Alfabeto, es la reunión de todos los signos o letras de una lengua que sirve para transmitir cualquier comunicación; la palabra alfabeto se formó de las primeras letras del idioma griego: *alfa* y *beta*; y abecedario proviene de *a, b, c, d.* El Alfabeto del idioma español consta de 27 letras, las cuales se pueden escribir tanto en mayúsculas como minúsculas.

Minúsculas	Mayúsculas	Pronunciación
a	A	a
b	B	be
c	C	ce
d	D	de
e	E	e
f	F	efe
g	G	ge
h	H	hache
i	I	i
j	J	jota
k	K	ka
l	L	ele
m	M	eme
n	N	ene
ñ	Ñ	eñe

o	O	o
p	P	pe
q	Q	cu
r	R	erre
s	S	ese
t	T	te
u	U	u
v	V	uvé
w	W	doble u
x	X	equis
y	Y	ye/i griega
z	Z	zeta

Las letras del alfabeto se dividen en:

• Vocales
• Consonantes

Vocales: son letras que representan un sonido vocálico, las cuales son cinco, a, e, i, o, u, a las que se pueden añadir en determinados casos, fonéticamente la "y". Éstas, a su vez, se dividen en vocales fuertes: a, e, o; y vocales débiles: i, u.

Consonantes: son letras que sólo pueden pronunciarse con una vocal, a excepción de la "y". Aquí encontramos a las 21 letras restantes: b, c, d, f, g, h, j, k, l, m, n, ñ, p, q, r, s, t, v, w, x, z.

El empleo de las mayúsculas

Las letras mayúsculas las utilizaremos en los siguientes casos:

- Al iniciar un escrito o párrafo; después del punto y seguido, o bien, del punto y aparte. Ejemplo:

  Competencia. El deporte se practica para competir y se compite buscando ganar.

- Se escribirán con mayúsculas todos los nombres propios y los apellidos. Ejemplo:

  José Rivera, Jaime Alonso, Luis Aguilar, Jorge Cantera, Felipe Mena, etcétera.

- Los nombres propios de animales y marcas:

  Fifí, Pluto, Danone, Adams, etcétera.

- Las siglas de países, instituciones u organizaciones. Ejemplo:

  IMSS, ISSSTE, ONU, UNICEF, etcétera.

- Los seudónimos, apodos y sobrenombres. Ejemplo:

  El Benemérito de las Américas.

- Se escribirán con mayúsculas los títulos nobiliarios. Ejemplo:

  Su Alteza, Su Santidad, etcétera.

- Todos los sinónimos de Dios. Ejemplo:

  Santo, Trinidad, Espíritu, Cristo, Jesús, etcétera.

- Los nombres de ciudades, pueblos, países y continentes. Ejemplo:

  México, Nicaragua, Italia, Roma, Grecia, Luxemburgo, Salamanca, América, etcétera.

- Nombres de lagos, ríos y montañas:

  Ajusco, Titicaca, El Cairo, Everest, etcétera.

- Nombres de oficinas, secretarías, universidades, escuelas, el poder público en general. Ejemplo:

  Primaria Oficial Benito Juárez, Secretaría de Relaciones Exteriores, Caminos y Puentes, Ministerio Público, Delegación Tlalpan, etcétera.

- Se iniciará con mayúsculas después de dos puntos (:). Ejemplo:

  Estimado señor o señora: Me siento muy complacido... A nadie extrañaba que Campeche fuera el puerto más asediado por los piratas: Como esta Villa era el punto de entrada y salida de los productos de la región.

- Los nombres de las festividades. Ejemplo:

  Semana Santa, Pascua, Navidad, Año Nuevo, Independencia, etcétera.

• Después de los puntos suspensivos cuando sigue una cita. Ejemplo:

> *Soy feliz en mi mundo, la familia, el trabajo... Aquello no lo cambio por nada.*

• La letra inicial de casi todas las abreviaturas. Ejemplo:

> *Ing., Lic., Srita.,* etcétera.

• Al abrir los signos de interrogación y admiración. Ejemplo:

> *¿Cuándo volverás? ¡Mamá, el hombre lobo!*

• El nombre de los planetas, estrellas, cuerpos celestes. Ejemplo:

> *Júpiter, Saturno, Tierra, Luna,* etcétera.

• Los puntos cardinales cuando funcionan con nombres propios, al referirse a una región geográfica. Ejemplo:

> *La Reunión de las Naciones Unidas al Norte de Europa.*

EL USO DE LAS LETRAS

Hemos analizado el Abecedario y la forma correcta de pronunciar cada letra, pero es necesario saber cuál es el uso de éstas. Es por ello que en el presente apartado estudiaremos paso a paso el empleo de ellas.

Uso de la "B"

El empleo adecuado de esta letra, se da en los siguientes casos:

- Después de la m. Ejemplo:

    también, cambio, etcétera.

- Todas aquellas palabras que terminan con *bilidad,* con excepción de movilidad y civilidad. Ejemplo:

    estabilidad, posibilidad, probabilidad, sensibilidad, etcétera.

- Todas aquellas palabras que llevan el prefijo *sub,* que significa abajo. Ejemplo:

    subtítulo, subteniente, subsecuente, etcétera.

- Todas aquellas palabras que inician con *bene*. Ejemplo: *beneficio, benevolencia, benéfico*, etcétera.

- Aquellas palabras cuya terminación es *bundo*. Ejemplo: *vagabundo, tremebundo*, etcétera.

- Las palabras que inician con *bi* o *bis*, las cuales significan doble. Ejemplo: *bisabuelo, bimestral, bisiesto*, etcétera.

- En las formas copretéritas del verbo *ir*. Ejemplo: *iba, ibas, íbamos, iban*, etcétera.

- En todas las terminaciones *aba, abas* y *ábamos* de los verbos conjugados en copretérito. Ejemplo: *caminaba, jugaba, jugabas, caminabas*, etcétera.

- Todos los adjetivos terminados en *ble*. Ejemplo: *amable, notable, insoportable*, etcétera.

- Siempre irán con "B" las sílabas *bla, ble, bli, blo, blu* y *bra, bre, bri, bro, bru*. Ejemplo: *brisa, brasa, blanco, cable, blusa, bloquear, blindar, broma*, etcétera.

- Se escriben con "B", todos los verbos terminados en *ber*, con excepción de las palabras *mover, ver* y *volver*. Ejemplo: *haber, beber, saber*, etcétera.

- Se escriben con "B", todos los verbos que terminan en *bir*, a excepción de las palabras *hervir, servir* y *vivir*. Ejemplo: *escribir, describir,* etcétera.

- La raíz o prefijo *bibl*, cuando éste se refiere a libro. Ejemplo: *bibliografía, biblioteca, biblia,* etcétera.

- Las sílabas *bue, bur, bus*. Ejemplo: *buscador, buenaventura,* etcétera.

- Se escriben con "B", las palabras cuyas primeras sílabas sean *ha, he, hi, ho, hu*. Ejemplo: *había, hebilla, hubo,* etcétera.

Uso de la "V"

La letra "V" se emplea en los siguientes casos:

- Después de la *b, d, n*. Ejemplo: *subversivo, envenenamiento, invierno, advenimiento,* etcétera.

- Después de las sílabas *pre, pri, pro*, a excepción de la palabra probar y todos sus derivados. Ejemplo: *previo, privado, prevenir, proverbio,* etcétera.

- Se escriben con "V" todas las palabras que empiezan con *villa* y *vice*, a excepción de billar y bicentenario. Ejemplo: *vicepresidente, villancico, viceversa, villano,* etcétera.

• Después de la sílaba *ol*, ejemplo:

olvido, olvidar, etcétera.

• Después de la sílaba *di*, a excepción de las palabras dibranquio, dibujar, mandíbula y todas sus derivaciones. Ejemplo:

divisible, dividendo, dividido, divino, etcétera.

• Se escribirán con "V" todas aquellas palabras que empiezan con *eva, eve, evi, evo*, a excepción de ébano, ebanista, ebenáceo y ebonita. Ejemplo:

evitar, evidente, evolución, evocar, etcétera.

• Se usa la "V" en las conjugaciones de los verbos: *andar, estar, tener*, de los tiempos pasado o pretérito del modo indicativo y subjuntivo. Ejemplo:

estuve, tuve, estuviere, etcétera.

• Los adjetivos, algunos sustantivos y conjugaciones verbales terminados en *ava, ave, avo, eva, eve, evo, iva, ivo*. Ejemplo:

bravo, llave, llavero, llueve, viva, agresivo, Eva, sorpresivo, brava, nutritiva, etcétera.

• Las terminaciones *voro, vora*, que provienen de la raíz latina que significa comer. Ejemplo:

herbívoro, devoro, carnívoro, etcétera.

• Se usará "V" en todas las terminaciones *vira, viro*. Ejemplo:

vivirá, Elvira, desviro, etcétera.

- El infinito de todos los verbos terminados en *servar*. Ejemplo:

  observar, preservar, reservar, etcétera.

- Las terminaciones *ividad*, cuando procede de los adjetivos terminados en *ivo*. Ejemplo:

  agresivo-agresividad, efectivo-efectividad, etcétera.

Uso de la letra "C"

Esta letra la utilizaremos en los siguientes casos:

- En todas aquellas palabras terminadas en *cia, cie, cio,* a excepción de las palabras *Asia, Rusia* e *iglesia*. Ejemplo:

  especie, calvicie, codicia, ejercicio, servicio, negocio, etcétera.

- En todas las palabras terminadas en *ancia, ancio, encia, encio*. Ejemplo:

  demencia, experiencia, extravagancia, tenencia, fragancia, rancio, cansancio, etcétera.

- En las palabras terminadas en *ción*, las cuales son derivadas de las palabras con terminación *to, ado*. Ejemplo:

  acumulado-acumulación, canto-canción, desesperado-desesperación, etcétera.

- En las palabras con la terminación *cer, cir,* a excepción de las palabras *toser, ser* y *asir*. Ejemplo:

  crecer, decir, convencer, etcétera.

Casa

- Se escriben con "C" todos los verbos cuya terminación es *ciar*, a excepción de las palabras *ansiar*, *extasiar* y *lisiar*. Ejemplo:

    pronunciar, anunciar, presenciar, etcétera.

- Llevarán siempre la "C" las palabras derivadas y los plurales de aquellas que lleven "Z". Ejemplo:

    almorzar-almuercen, cruz-cruces, pez-peces, etcétera.

- Se escriben con "C" aquellas palabras que empiecen con *circu*. Ejemplo:

    circunstancia, circuncisión, circunferencia, etcétera.

- Todas las palabras castellanas que terminan en los sonidos *acción, ección, icción, ucción*. Ejemplo:

    erección, acción, infección, instrucción, reducción, etcétera.

- Las palabras terminadas en *uncio, uncia*. Ejemplo:

    denuncia, anuncio, etcétera.

- Los diminutivos terminados en *cito, cillo*, y todas aquellas palabras terminadas en *cico*. Ejemplo:

    panecillo, villancico, papacito, piloncillo, etcétera.

Aplicación de la letra "S"

El uso de la letra "S" es empleado en los siguientes casos:

- En todas aquellas palabras terminadas en *ersa, erse, erso*. Ejemplo:

  caerse, inmersa, etcétera.

- En todos los superlativos terminados en *ísimo*. Ejemplo:

  tardísimo, dificilísimo, agilísimo, etcétera.

- En todas aquellas palabras con la terminación *esto, esta*. Ejemplo:

  detesto, expuesta, manifiesto, deshonesta, etcétera.

- Las palabras terminadas en *ista, ismo*. Ejemplo:

  clavadista, pesista, calvinista, renacentismo, etcétera.

- En todos los adjetivos terminados en *osa, oso*. Ejemplo:

  espaciosa, escrupuloso, celoso, preciosa, maravillosa, esplendorosa, majestuosa, etcétera.

- En todas aquellas palabras cuya terminación es en *sión*, las cuales son derivadas de las terminaciones en *so, sor, sorio, sible, sivo*. Ejemplo:

  confesor-confesión, comprensible-comprensión, obsesivo-obsesión, etcétera.

- En los sustantivos y adjetivos terminados en *so, sor, sorio, sible, sivo*. Ejemplo:

  sensible, expresivo, sospechoso, sonrío, obeso, profesor, visible, comprensible, etcétera.

- En las palabras terminadas en *ésima, ésimo*. Ejemplo:

  trigésima, milésimo, centésima, etcétera.

- Se escriben con "S" todas aquellas palabras que empiezan con *se, si*. Ejemplo:

  silla, sillón, sesión, siglo, similar, silencio, sigiloso, sensor, sensación, etcétera.

- Todas las palabras que inician con *as, es, is, os*. Ejemplo:

  asco, asterisco, especial, isla, ostra, astilla, estómago, etcétera.

- Las palabras terminadas en *esca, esco, usca, usco*, a excepción de las palabras *negruzco, blancuzco,* y las terminaciones de las formas verbales que se escriben con "Z". Ejemplo:

  fresco, refresco, verdusco, etcétera.

- Las palabras terminadas en *sis*. Ejemplo:

  tesis, éxtasis, psicoanálisis, etcétera.

- Se escriben con "S" los gentilicios; es decir, los relativos a las naciones, gente, familias o linajes; ejemplo:

  londinense, mexiquense, estadounidense, etcétera.

El empleo de la "SC"

Aunque existen palabras que se escriben con "SC", no hay reglas gramaticales para su uso, por lo que pueden representar una dificultad en nuestra labor de corregir la ortografía; sin embargo, te mostramos las palabras que más utilizamos cotidianamente y que se refieren a este caso:

absceso, ascender, descender, discernir, escéptico, fascículo, susceptible, fascismo, prescindir, adolescencia, doscientos, seiscientos, trascendencia, trescientos, descifrar, incandescencia, fascismo, disciplinar.

El uso de la "X"

Para emplear correctamente esta letra, debemos tomar en cuenta los siguientes casos:

• En todas las terminaciones *xión*, siempre y cuando sean derivadas de las palabras *jo, xo, xible*. Ejemplo:

reflejo-reflexión, crucifijo-crucifixión, etcétera.

• Se escriben con "X" las palabras que llevan los prefijos *ex* y *extra*, cuyo significado es *fuera*. Ejemplo:

extraterrestre, extraoficial, ex jefe, ex teniente, etcétera.

• Antes de las sílabas *pre, pri, pro, pla, ple, pli, plo*, se escribe la letra "X", a excepción de las palabras *espléndido, espliego, esplín, esplique* (refiriéndonos a la trampa de aves). Ejemplo:

expresión, expropiar, explícito, explicación, explotar, etcétera.

• Al principio de una palabra antes de la "H" acompañada de alguna vocal o de la misma vocal sola. Ejemplo:

exhalar, exhibir, exhibición, existencia, exilio, exento, etcétera.

- Se usa la "X" en el prefijo *yuxta* que significa *junto a.* Ejemplo:

  yuxtapuesta, yuxtaposición, etcétera.

- En el prefijo *hexa*, que significa *seis.* Ejemplo:

  hexágono, hexasílabo, hexaedro, etcétera.

- Llevan la "X" las palabras antes de las consonantes *c, p, t.* Ejemplo:

  excursión, excusa, expropiación, extender, etcétera.

Uso de la "Z"

Esta letra es empleada en los siguientes casos:

- Se escriben con "Z" las palabras con la terminación *azgo.* Ejemplo:

  liderazgo, padrinazgo, mayorazgo, etcétera.

- Todas las palabras cuya terminación sea *zal.* Ejemplo:

  maizal, cabezal, etcétera.

- Se escriben con "Z" las palabras cuya terminación sea *azo, aza,* que sean de carácter aumentativo o bien que determinen una idea de golpe. Ejemplo:

  ojazo, librazo, golpazo, balazo, pelotazo, batazo, escobazo, etcétera.

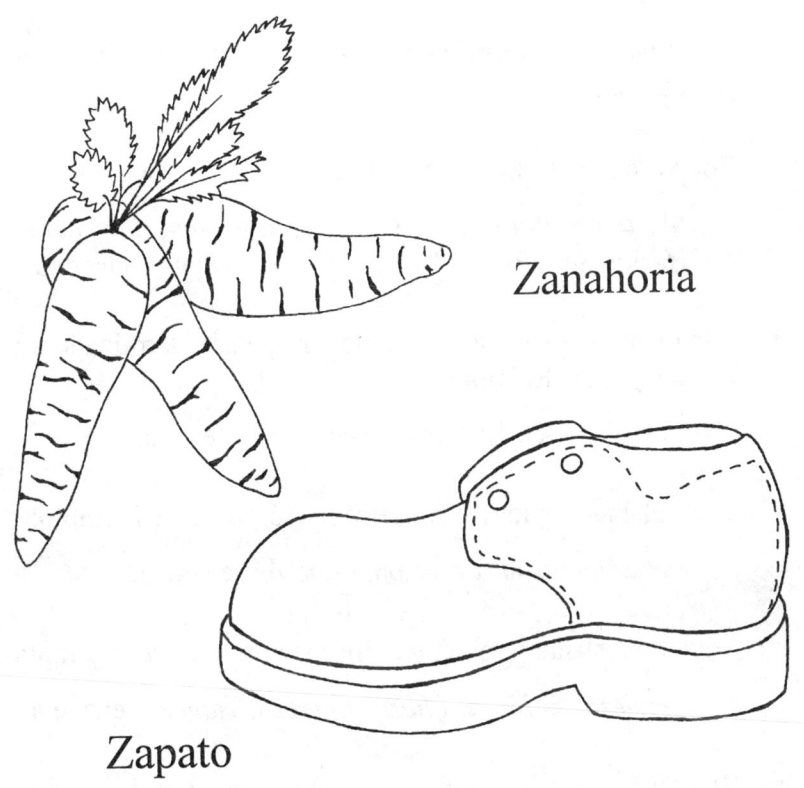

Zanahoria

Zapato

- Llevan "Z" los despectivos y diminutivos con terminaciones *zuelo, zuela, ezno, uzo, uza*; a excepción de las palabras *pelusa, mocosuelo* y *suela*. Ejemplo:

    gentuza, ladronzuelo, etcétera.

- Los verbos cuyos infinitos terminan en *izar*. Ejemplo:

    memorizar, familiarizar, economizar, movilizar, etcétera.

- Todos los apellidos cuya terminación es *ez*. Ejemplo:

    Martínez, Rodríguez, Godinez, Enríquez, Fernández, Hernández, Pérez, López, Jiménez, Gómez, etcétera.

- Las conjugaciones de los verbos irregulares terminados en *er, ucir, ecer*. Ejemplo:

    embellecer-embellezco, nacer-nazca, etcétera.

- Las palabras agudas cuya terminación es *zón*. Ejemplo:

    corazón, razón, armazón, cabezón, etcétera.

- Todos los sustantivos cuya terminación sea *eza*. Ejemplo:

    simpleza, nobleza, alteza, ligereza, riqueza, etcétera.

- Se escriben con "Z" todas las palabras que terminan en *ez, uzca, anza*. Ejemplo:

    alabanza, matanza, balanza, verduzca, etcétera.

- Adjetivos y sustantivos terminados en *az, oz*. Ejemplo:

    arroz, voraz, capaz, feroz, etcétera.

Empleo de la letra "G"

La letra "G" es una de las consonantes más utilizadas en el idioma español, ya que gran cantidad de palabras están formadas y escritas con ella; es por ello, que primero analizaremos su sonido al juntarse con las vocales y en segundo lugar las reglas ortográficas para utilizarla siempre correctamente.

• La letra "G" tiene un sonido fuerte que va siempre antes de las vocales *e*, *i*. Ejemplo:

gente, gigante, girasol, gelatina, gimnasio, giralda, genio, gentil, girar, etcétera.

• Pero si lo que deseamos es que el sonido de la "G" sea suave, entonces debemos escribirla junto con la vocal *u*, ya que ésta carece de sonido antes de las vocales *e*, *i*. Ejemplo:

guepardo, guerra, guisado, guión, guerrero, guiño, etcétera.

• Aunque hay una manera en que la *u* adquiera su propio sonido y es precisamente cuando después de la "G" y antes de las vocales *e*, *i*, se coloca una diéresis o crema. Ejemplo:

vergüenza, güero, güiro, etcétera.

• Por último nos encontramos con que la letra "G" mantiene un sonido suave antes de las vocales *a*, *o*, *u*. Ejemplo:

guapo, garbanzo, gacela, gula, gasto, ganancia, gobierno, gobernar, goma, gusano, etcétera.

- Se escriben con la letra "G" las palabras que inician con *geme, gemi*. Ejemplo:

  gemelo, gemido, géminis, etcétera.

- Las palabras que empiezan con *ges.* Ejemplo:

  gestoría, gestor, gestar, etcétera.

- Se escriben con la letra "G" todas las palabras que provienen de *geo* que significa *Tierra*. Ejemplo:

  geometría, geografía, geodinámica, geología, etcétera.

- Se escribe la letra "G" después de *al, an, ar*. Ejemplo:

  alga, ángel, Argentina, angosto, algarabía, angina, argelino, etcétera.

- Las palabras que terminan en *gia, gía, gio*. Ejemplo:

  presagio, prodigio, biología, regia, etcétera.

- Se escriben con "G" el infinito de los verbos que terminan en *gir, ger*, a excepción de las palabras, *tejer* y *crujir*. Ejemplo:

  recoger, regir, acoger, etcétera.

- Las palabras que terminan en *ginos, gismo, ginoso*, a excepción de las palabras *espejismo, salvajismo* y *aguajinoso*. Ejemplo:

  vertiginoso, silogismo, etcétera.

- Todas las palabras que llevan *gen*, a excepción de *beren-jena*, *enajenar* y *ajeno*. Ejemplo:

  genio, gente, gentío, genial, genuino, etcétera.

- Se escriben con "G" todas las palabras cuya terminación sea *gélico, genito, genario, geneo, gésimo, gésico, giénico, gional, gionario, gión, gírico, gioso, gico.* Ejemplo:

  higiénico, región, regional, religioso, vigésimo, angéli-co, octogenario, lógico, legionario, homogéneo, analgé-sico, etcétera.

- Las palabras que terminan en *giar, gerar.* Ejemplo:

  exagerar, refugiar, etcétera.

Uso de la "J"

Emplearemos la letra "J" en los siguientes casos:

- Se escriben con "J" todas las palabras que empiezan con *eje.* Ejemplo:

  ejército, ejemplar, ejemplo, ejecutar, eje, ejercicio, etcétera.

- Las palabras que empiezan con *adj, obj.* Ejemplo:

  adjetivo, objetivo, objeto, adjunto, adjudicación, obje-ción, etcétera.

- Todas las palabras cuya terminación sea *jera, jero, jería,* a excepción de las palabras *ligero* y *escogería.* Ejemplo:

  flojera, relojería, mensajería, mensajero, etcétera.

- Los verbos terminados en *jar, jear*. Ejemplo:

  rebajar, ojear, dejar, canjear, forcejear, trabajar, etcétera.

- Se escribe con "J" al conjugar los tiempos pretérito o pasado de los modos indicativos y subjuntivos de los verbos terminados en *decir, ducir, traer*. Ejemplo:

  decir-dije, traer-traje, traducir-traduje, etcétera.

Empleo de la letra "H"

- Se escriben con "H" todas las palabras que empiezan con *hem* (de sangre) y *hum*, a excepción de las palabras *umbilical, umbrío, umbral*. Ejemplo:

  humano, humo, humor, humilde, hemofilia, etcétera.

- Las palabras que empiezan con *hexa, hept, hect*, a excepción de las palabras *examen, exagerar, exaltar, exasperar*, ya que éstas no indican condición numérica. Ejemplo:

  hectárea, hectogramo, hexágono, etcétera.

- Se escriben con "H" las palabras que empiezan con *hua, hue, hie, hui*. Ejemplo:

  huaco, hueco, huida, huachinango, huasca, hueso, huevo, hielo, etcétera.

- Las palabras que empiezan con *herb, hist, holg, horr, hosp, host*. Ejemplo:

  herbario, horror, hospital, hostilidad, historia, holgazán, holgaban, etcétera.

- Se escriben con "H" las palabras que empiezan con *herm*, *hern*, a excepción de *ermita* y todos sus derivados. Ejemplo:

  hermosa, hermano, hernia, hermético, etcétera.

- Las palabras que inician son *hidr*. Ejemplo:

  hidrógeno, hidrocarburo, hidratación, hidratado, hidroterapia, hidróxido, etcétera.

- Todas aquellas palabras que inician con *hetero, homo, hemi, helio*. Ejemplo:

  homogéneo, hemisferio, heterogéneo, homónimo, heterodoxia, helioterapia, etcétera.

- Se escriben con "H" los prefijos *hipo, hiper*. Ejemplo:

  hipopótamo, hipocentro, hipocondriaco, hipérbola, hipertensión, etcétera.

- Llevan la letra "H" las conjugaciones del verbo *hacer*, así como sus derivados y compuestos. Ejemplo:

  haces, hacía, hecho, harías, hiciste, etcétera.

- Las conjugaciones del verbo *haber*. Ejemplo:

  has, habría, hayas, habrás, habías, había, hubo, hubiera, etcétera.

- Se escriben con "H" las siguientes interjecciones:

  ¡eh! ¡oh! ¡ah! ¡bah!

- Se escriben con "H" todos los derivados de las palabras que empiezan con esta letra. Ejemplo:

  humanidad, humanice, habanero, hojaldrado, heredero, hospitalario, hormiguero, etcétera.

- La letra "H" no sólo va al inició de las palabras, sino que también existe la "H" intermedia. Ejemplo:

  alcohol, almohada, alhaja, deshacer, malherido, rehén, prohibir, ahuecar, deshielo, deshilar, Cuauhtémoc, adherir, zanahoria, cohete, etcétera.

Uso de la "LL"

Aunque la "LL" no aparece dentro del Abecedario debido a que es considerada como una vocal compuesta de dos "L", sí tiene un papel importante dentro de la formación de las palabras y es utilizada en los siguientes casos:

- En las terminaciones *alla, elle, allo,* a excepción de las palabras *papaya, soya, mayo, papagayo, rayo* y *tocayo.* Ejemplo:

  muelle, valle, tallo, caballo, cuello, etcétera.

- Se escriben con "LL" también las terminaciones *ella, ello,* a excepción de *epopeya, onomatopeya, Mireya* y *plebeyo.* Ejemplo:

  huella, estrella, botella, etcétera.

- Aquellas palabras cuya terminación sea *olla, ollo,* a excepción de las palabras *apoyo, arroyo* y *hoyo.* Ejemplo:

  embrollo, bollo, rollo, olla, etcétera.

- En las terminaciones *ulla*, *ullo*, a excepción de las palabras *cuyo*, *puya*, *suya*, *tuya* y *tuyo*. Ejemplo:

  orgullo, arrullo, bulla, etcétera.

- Se escriben con "LL" las palabras que empiezan con las sílabas *fa*, *fo*, a excepción de *faya*. Ejemplo:

  fallo, follaje, folleto, fallido, etcétera.

- Las palabras que inician con *lla*, *lle*, *lli*, *llo*, *llu*, a excepción de *yaba*, *yacamar*, *yacer*, *yacimiento*, *yarda*, *yeso*, *yodo*, *yute*, *yugo*. Ejemplo:

  llover, lluvia, llamas, llegar, llave, llanta, lluvioso, llano, etcétera.

El uso de la "Y"

- En todas las palabras que incluyen las sílabas *yer*, *yec*, a excepción de *taller*. Ejemplo:

  yerba, trayectoria, trayecto, yermo, yerno, ayer, proyecto, etcétera.

- Se escriben con "Y" las conjugaciones de los verbos cuyo infinitivo termina en "uir", esto antes de las vocales *a*, *e*, *o*. Ejemplo:

  distribuir-distribuyo, obstruir-obstruya, etcétera.

- Cuando las palabras terminan en diptongo. Ejemplo:

  rey, mamey, ley, etcétera.

- Llevan "Y" las conjugaciones copulativas que sirven para unir dos palabras, a excepción de las palabras segundas que inician con *hi* o *i* (en este caso se sustituirá por una *e*). Ejemplo:

  José y Luisa son novios, Jorge y Gisela hace tiempo que se aman, aguja e hilo, etcétera.

- Se escriben con "Y" la mayoría de las palabras que inician con *ya, yo, yu.* Ejemplo:

  yuca, Yucatán, Yugoslavia, yodo, yoga, yarda, yunque, etcétera.

Empleo de la "M"

- La letra "M" se escribe siempre antes de la *b, p* y *n.* Ejemplo:

  combate, cambiar, cambio, embotellar, compadre, compartir, comprar, compromiso, comprensión, bomba, computadora, compatriota, embarcar, embrión, comparación, empeño, etcétera.

Uso de la "N"

- Esta letra se escribirá siempre antes de la *f, m,* y *v.* Ejemplo:

  enmarcar, enfermo, informar, inferior, invierno, invernar, confiar, enfrente, enfatizar, convencer, enmienda, convoy, convocar, conversación, etcétera.

Empleo de la "R"

La letra "R" tiene dos sonidos: uno suave (como en airoso) y el otro fuerte (como en la palabra romántico); pero en ambos casos sólo se ocupa una sola "R":

- Al iniciar una palabra. Ejemplo:

    rosa, rezo, resistencia, riego, rima, relámpago, rumor, rural, rollo, reservado, risa, etcétera.

- Se empleará la letra "R" después de *l, n,* y *s*. Ejemplo:

    honrar, alrededor, Israel, etcétera.

Uso de la "RR"

Ésta, al igual que la "LL", no tiene un lugar específico dentro del Abecedario; sin embargo, es tan utilizado como en el caso anterior al componerse de dos consonantes; incluso la "RR" es una distinción que sólo el idioma español tiene, ya que los demás idiomas sólo cuentan con una sola "R". Cuando aprendemos otro idioma, da lo mismo emplear (al hablar) la "R" o "RR", ya que suena igual. Pero nos enfocaremos únicamente al español, el cual emplea la "RR" en los siguientes casos:

- Para producir un sonido fuerte entre dos vocales. Ejemplo:

    herramienta, herraje, carrera, carretera, carretilla, corral, carro, porra, prerrogativa, prorrata, ferrocarril, ferroviario, etcétera.

- En las palabras compuestas cuyo segundo elemento empiece con "R". Ejemplo:

  pararrayos, pelirrojo, etcétera.

Uso correcto de la "K"

- Esta letra se emplea solamente en voces provenientes de idiomas extranjeros incorporados al castellano. Ejemplo:

  Karol, kiwi, kinder, Kart, kilómetro, kilo, etcétera.

Empleo de la "Q"

- La "Q" se usa para representar sonidos *ke, ki* colocando después una *u*, la cual no se pronuncia antes de las vocales *e, i*. Ejemplo:

  querer, quiero, queso, quincena, quintilla, quieto, quietud, quesadilla, quemado, etcétera.

Uso de la "W"

- Esta letra se usa en nombres extranjeros. Ejemplo:

  Weber, whisky, Wagner, Wilson, etcétera.

REGLAS BÁSICAS PARA LA ACENTUACIÓN DE LAS PALABRAS

Hemos llegado sin duda a la segunda y quizá la parte más importante de nuestro ejemplar. Como se ha mencionado, el uso correcto de las palabras y su acentuación no sólo nos permitirán expresarnos de una mejor manera, sino que también darán una buena impresión dentro de todos nuestros quehaceres cotidianos. Aunque para comprender de una mejor manera, debemos iniciar dándole su correcto significado y estudio a los componentes de la gramática.

La sílaba

Se le denomina sílaba a la letra o conjunto de letras que se pronuncian en una sola emisión de voz; es decir, puede ser una vocal, pero normalmente es la unión de dos o más letras en las que siempre existirá una vocal; su uso corresponde a dos exclusivas razones:

1. Dividir en dos partes una palabra porque no cabe en un renglón.
2. Sin duda la más importante, saber la división silábica que tiene una palabra para bien hablarla de acuerdo a donde recae su mayor entonación y en relación a esta misma entonación; es decir, saber aplicarla cuando debe llevar acento escrito.

Dividir en dos partes una palabra: debemos aprender a separar las palabras en sílabas, ya que de esta manera podremos escribir correctamente nuestro idioma, debido a que en ocasiones al terminar un renglón no podemos escribir la palabra completa, es entonces cuando la separamos en sílabas colocando un guión al final y continuamos en el siguiente.

Para acentuar correctamente: para acentuar ortográficamente una palabra, debemos saber qué sílaba es la que se pronuncia con mayor fuerza (sílaba tónica), de esta manera y una vez que aprendemos las reglas a seguir para la acentuación podremos hacerlo en forma correcta.

Ahora bien, para separar una palabra en sílabas debemos saber que existen vocales fuertes (*a, e, o*) y vocales débiles (*i, u*).

División silábica

De acuerdo al número de letras, las sílabas son:

- Monolíteras
- Bilíteras
- Trilíteras
- Polilíteras

Sílabas monolíteras: cuando sólo tienen una letra y las únicas que existen son seis: *a, e, i, o, u,* y *y*. Ejemplo:

a-*la*, **e**-*le-fan-te*, **i**-*di-lio* y cuando funciona como nexo: *t*ú y *é*l. etcétera.

Sílabas bilíteras: las que tienen dos letras. Ejemplo:

mi, el, su, tu, si, etcétera.

Sílabas trilíteras: poseen tres letras. Ejemplo:

pie, los, voz, sol, luz, etcétera.

Sílabas polilíteras: son las que constan de cuatro o más letras. Ejemplo:

Dios, plan, plano, pues, juez, etcétera.

Las sílabas se clasifican en:

- Simples
- Compuestas
- Directas
- Indirectas
- Mixtas

Sílabas simples: las que tienen una sola vocal. Ejemplo:

te, za-pa-to, a-mor, etcétera.

Sílabas compuestas: las que tienen más de una vocal. Ejemplo:

cien-cia, guar-dia, miel, etcétera.

Sílabas directas: aquellas palabras que inician con una consonante. Ejemplo:

cal-za-da, me-di-da, me-dia-no, mor-di-da, etcétera.

Sílabas indirectas: aquellas palabras que comienzan con una vocal. Ejemplo:

on-za, ú-til, ac-to, etcétera.

Sílabas mixtas: cuando una o varias vocales están entre consonantes. Ejemplo:

Car-los, sus-pen-der, de-rro-ta, etcétera.

Cómo dividir una palabra que no cabe en el renglón

La regla básica para la división de una palabra se hace donde termina una sílaba e inicia la siguiente, aunque es importante detallar los siguientes casos:

- No deben separarse dos vocales aunque formen sílabas diferentes; ejemplo:

Correcto	*Incorrecto*
venta-near	ventane-ar
ba-bear	babe-ar
arquea-da	arque-ada

- Cuando la palabra esté compuesta por prefijos u otra palabra, la separación se puede hacer en la unión que tienen. Ejemplo:

Correcto	*Incorrecto*
super-abundante	supera-bundante
bien-aventurado	biena-venturado
mal-entendido	male-ntendido

- En la separación de una palabra no debe quedar una vocal sola al término de renglón o al inicio del siguiente. Ejemplo:

Correcto	*Incorrecto*
abu-sado	a-busado
amu-leto	a-muleto
lí-nea	líne-a

- Por último, las palabras que tienen consonante más "H" se dividen separando la consonante de la h. Ejemplo:

Correcto	*Incorrecto*
des-humanizar	de-shumanizar
des-habitado	de-shabitado
desin-hibir	desi-nhibir

Diptongos

Antes de que entremos al tema de la acentuación, al cual corresponde el diptongo, debemos comprenderlo, ya que tiene una gran relevancia para la comprensión del acento ortográfico, sobre todo en las palabras graves.

Se le llama diptongo a la unión de dos vocales: una fuerte con una débil, o bien a la unión de dos vocales débiles que pueden ser una sílaba o formar parte de ella y ambos casos tienen sólo una emisión de voz. Ejemplo:

> *mai-zal (diptongo ai, vocal fuerte con una débil)*
> *ciu-dad (diptongo iu, unión de dos vocales débiles)*

Para facilitar la comprensión de la unión de las vocales, les mostramos todas las uniones que pueden encontrar dentro de las palabras:

Diptongo de vocal fuerte con vocal débil	*Diptongos de vocal débil con vocal fuerte*
ai	ia
au	ie
ei	io
eu	ua
oi	ue
ou	uo

Diptongos con vocales débiles

iu

ui

Se deben tomar en cuenta las siguientes reglas

- Nunca forman diptongo dos vocales fuertes y por consecuencia integran dos sílabas separadas. Ejemplo:

  *a-bu-ch*e-o *car-t*e-ar

- Nunca forman diptongo dos vocales débiles iguales, de lo contrario, éstas formarán dos sílabas separadas. De hecho las palabras con dos vocales débiles casi no existen y las pocaš que se forman y llevan acento ortográfico no son de mucho uso. Ejemplo:

  *Fr*i-í-*si-mo*

- Forma diptongo la letra "Y" solamente cuando al final de la palabra, ésta tiene el sonido de la vocal *i*. Ejemplo:

  rey, ley, estoy, voy, etcétera.

• En la formación de diptongos no cuenta la "U" sin sonido de la letra compuesta "QU" porque está integrada a la "Q", ni tampoco la "U" muda de la "G" ante las vocales *e, i* (*gue, gui*). Ejemplo:

Palabras con diptongo	*Palabras sin diptongo*
quiero	que
quieto	quedo
siguiente	quizá
consiguiente	pague
	seguir

• La "H" entre vocales no existe; esto, tanto para la integración de un diptongo como en su rompimiento. Ejemplo:

Diptongos	*Diptongos rotos*
rehi-lar	a-hínco
prohi-bir	re-húso
rehu-sar	bú-ho

• Todas aquellas palabras que inicien con diptongo, se les deberá anteponer la letra "H". Ejemplo:

huir, huella, hueso, hueco, huevo, huida, huelga, huerto, huella, etcétera.

• Se debe anteponer la letra "H", al conjugarse el verbo oler, ejemplo:

hueles, huelo, huele, huela, huelan, huelen, etcétera.

¿Qué es el adiptongo?

Como su nombre lo dice, es la ruptura del diptongo, por lo que también es conocido como tal; esto se da si en un diptongo de vocales débil-fuerte o fuerte-débil la entonación recae en una de las dos vocales débiles (*i, u*) y de acuerdo a las reglas gramaticales, llevará acento ortográfico y se formarán dos sílabas, de esta manera el diptongo pasa a ser un adiptongo. Se debe tener muy presente cuando existe un diptongo roto, porque afectará a muchas palabras agudas y graves que llevan acento ortográfico; aunque también se formarán muchas palabras esdrújulas.

Los diptongos rotos se dividen en

- Verbales
- No verbales

Diptongos rotos verbales: son aquellos que se forman a través de las conjugaciones del copretérito de los verbos terminados en *er, ir* y del pospretérito de todos los 4 200 verbos de uso común *ar, er, ir*. Ejemplo:

crecí-a, crecí-as, repartí-a, amarí-a, etcétera.

Diptongos rotos no verbales: son alrededor de 500 y básicamente están en los sufijos *ría, logía, grafía* y en las palabras cuya terminación es *ía, ío*; todas éstas se caracterizan por ser palabras graves con acento ortográfico que terminan en vocal. Ejemplo:

autorí-a, biologí-a, geologí-a, trilogí-a, energí-a, etcétera.

Otras palabras con diptongo roto se caracterizan por ser agudas con acento ortográfico en palabras que terminan en *l*, *r*, *d*, *z*. Ejemplo:

o-ír, re-ír, ma-íz, Ra-úl, etcétera.

Los diptongos más comunes son los compuestos por dos vocales débiles y no permiten el rompimiento de diptongo aunque la mayor entonación recaiga en la vocal *i*; en consecuencia, las palabras que los contengan no se acentúan.

Los triptongos

Se llama triptongo la unión de tres vocales: dos débiles y una fuerte pronunciadas en una sola emisión de voz. Y aunque en el idioma español existen pocos triptongos, los más conocidos son seis. Se integran con las vocales débil-fuerte-débil, tal y como se muestra en el siguiente esquema:

Unión de los triptongos

iai
iei
uei
uai
iau
uau

Ejemplos:

Cuai-ma, Cuauh-té-moc, Cuau-ti-tlán, etcétera.

Debemos recordar que cuando la vocal débil de un diptongo o una de las dos débiles de un triptongo debe ir acentuada ortográficamente, el diptongo o triptongo desaparece y la vocal o vocales forman sílabas aparte. Aunque la vocal fuerte de los triptongos verbales se acentúa. Ejemplo:

a-pre-ciáis, co-di-ciáis, a-ca-ri-ciéis, etcétera.

Dependiendo al número de sílabas, las palabras se clasifican en:

* Monosílabas
* Bisílabas
* Trisílabas
* Tetrasílabas
* Polisílabas

Monosílabas: como su nombre lo indica, son palabras que constan de una sola sílaba. Ejemplo:

Dar, sol, luz, si, rol, etcétera.

Bisílabas: palabras que constan de dos sílabas. Ejemplo:

len-to, la-so, mo-to, Mar-te, Lu-na, etcétera.

Trisílabas: palabras que se componen de tres sílabas. Ejemplo:

Sor-pre-sa, rá-pi-do, ca-mi-nar, sua-vi-zar, etcétera.

Tetrasílabas: palabras que constan de cuatro sílabas. Ejemplo:

di-mi-nu-to, ca-rre-te-ra, Xo-chi-mil-co, etcétera.

Polisílabas: palabras que constan de más de cuatro sílabas. Ejemplo:

fe-rro-ca-rri-le-ro, rá-pi-da-men-te, etcétera.

El acento

La acentuación o el acento es la indicación fonética donde una palabra tiene un mayor énfasis; todas las palabras del idioma español llevan acento porque en todas existe una sílaba con un mayor énfasis fonético; sin embargo, en determinadas palabras esta acentuación sólo se pronuncia y no se escribe y en otras se pronuncia y se pone gráficamente, dependiendo en dónde recaiga la mayor acentuación. De esta manera entendemos que existen dos tipos de acentos:

1. Gráficos
2. No gráficos o prosódico

Los acentos gráficos

- Diacríticos
- Dieréticos
- Enfáticos
- Ortográficos

Acento diacrítico: es el acento que ponemos en las palabras que tienen igual escritura y diferente significado para hacer la diferenciación entre ambas, ejemplo:

Te traje un té.

Como podemos ver, en la primera *te* no utilizamos acento porque es una forma pronominal y en el segundo *té* sí lleva acento debido a que se trata de un sustantivo. Recordemos que un sustantivo es todo lo que tiene nombre, ya sea persona, animal o cosa y puede ser propio o común.

Acento dierético: es aquel que separa los diptongos. Ejemplo:

Ra-úl, rí-o, ví-a, etcétera.

Acento enfático: es aquel que utilizamos en las oraciones interrogativas o exclamativas, en cuyo caso siempre acentuamos las siguientes palabras: *qué, cómo, cuál, cuándo, cuánto, dónde.* Ejemplo:

¿cuándo vendrás?, ¿qué esperas?, etcétera.

Acento ortográfico: es el que se escribe con una tilde (′) sobre la sílaba tónica de una palabra. Ejemplo:

difícil, fácil, débil, dócil, pánico, árbol, etcétera.

Los acentos no gráficos

Prosódicos o fonéticos, son los que no se escriben, sólo se pronuncian; dichos acentos se encuentran en la mayor intensidad con la que se pronuncia una sílaba. Ejemplo:

in-te-li-gen-cia, len-ti-tud, etcétera.

Las palabras en las que podemos encontrar el acento que sólo se pronuncia, son palabras agudas, graves y monosílabas, ya que las palabras esdrújulas y sobreesdrújulas siempre se acentúan.

Acento ortográfico

El acento ortográfico es el signo o tilde (′) que se coloca sobre la vocal de mayor énfasis. Dependiendo del lugar que ocupa la sílaba tónica en la palabra, las clasificamos en:

- Agudas
- Graves
- Esdrújulas
- Sobreesdrújulas

Palabras agudas: son aquellas palabras que tienen la mayor entonación en la última sílaba. Se acentúan gráficamente cuando terminan en *n*, *s* o *vocal* y cuando tienen diptongo roto; dicho en otras palabras, son las que tienen su sílaba tónica en la última sílaba y se acentúan ortográficamente. Ejemplo:

> *pantalón, felicitación, café, sofá, billón, denunciación, policía,* etcétera.

Palabras graves: también conocidas como llanas, son las que tienen su sílaba tónica en la penúltima sílaba y se acentúan ortográficamente cuando terminan en cualquier consonante que no sea *n* o *s*. Ejemplo:

> *álbum, lápiz, útil, cáliz, túnel, Suárez, Juárez,* etcétera.

Palabras esdrújulas: tienen la mayor entonación en la antepenúltima sílaba y todas se acentúan ortográficamente. Ejemplo:

> *lógico, príncipe, fábrica, lípido, pájaro, máquina, teléfono,* etcétera.

Palabras sobreesdrújulas: son las que tienen su sílaba tónica en la cuarta sílaba comenzando por el final y siempre se acentúan. Ejemplo:

véndemelo, explícamelo, etcétera.

Para la acentuación se debe tomar en cuenta

* Cuando en una palabra hay una vocal fuerte *a, e, o* junto a una débil *i, u* y la débil es la vocal tónica, se escribirá el acento sobre ésta sin importar la posición de la sílaba y aun cuando las separe una *h*; a esto se le conoce como acento dierético. Ejemplo:

    reír, río, Raúl, raíz, etcétera.

* La palabra sólo se acentúa cuando es un adverbio y significa solamente; a esto se le conoce como acento diacrítico. Ejemplo:

    aún te recuerdo y por consecuencia, te sigo amando.

    En el ejemplo anterior el adverbio *aún* sólo se acentúa cuando significa todavía. Ahora veremos un ejemplo en donde usemos el adverbio *más.*

    hoy te amo más que ayer.

    Como pudimos ver, el *mas* no se acentúa cuando significa *pero*, sino únicamente cuando se refiere a cantidad.

* Todos los pronombres éste, ése, aquél, así como sus plurales y femeninos, siempre se acentúan para diferenciarlos de los adjetivos. Ejemplo:

    este día es más bello que los demás.

- Los monosílabos sólo se acentuarán en caso de que se trate de palabras con doble significado. Ejemplo:

  Luis se tuvo que ir, yo no sé el porqué.

  Como podemos ver, la primera vez que aparece *se* es un pronombre personal reflexivo correspondiente a la tercera persona de singular, por lo tanto, no se acentúa; en cambio, el siguiente *sé* sí se acentúa, ya que corresponde a la conjugación en tiempo presente, primera persona del singular del verbo *saber*.

- El primer elemento de una palabra compuesta se escribe sin acento, a excepción de los adjetivos compuestos unidos por un guión. Ejemplo:

  trigesimoséptimo, vigesimoséptimo, etcétera.

- La palabra *porqué* se escribe junto y acentuada cuando es un sustantivo que determina un motivo o causa. Ejemplo.

  Ya no sufro porque estás aquí.
  No me explico el porqué de nuestra separación.
  Por qué tuviste que ir.

- El *por qué* se escribe con acento y separado, sólo en las oraciones interrogativas. Ejemplo:

  ¿Por qué los capullos no son iguales?
  ¿Por qué el ave vuela?

- El diptongo *ui* no se acentúa excepto en los casos en los que sea necesario destruirlo. En este caso se escribirá el acento en la segunda vocal débil.
- Las palabras cuya terminación es *ce* nunca llevarán acento.

- Todos los nombres extranjeros se escribirán sin acento, excepto cuando hayan sido incorporados al idioma español.

- A pesar de las reglas gramaticales de hace algunos años, las letras mayúsculas sí se acentúan. Ejemplo:

  TODO CORRESPONDE A UNA DECISIÓN.

- Las palabras que aumentan su terminación, conservan su acento.

Sinónimos, Antónimos, Homónimos y Homófonos

Sinónimos

Son las palabras que se escriben diferente, pero su significado es igual o parecido. Ejemplo:

piscina-alberca, calzado-zapatos, profesor-maestro, etcétera.

Antónimos

Son las palabras que expresan lo contrario u opuesto. Ejemplo:

Grande-pequeño, gordo-flaco, fuerte-suave, fácil-difícil, cuidar-descuidar, etcétera.

Homónimos

Son las palabras que se escriben y suenan igual, pero su significado es diferente. Ejemplo:

banco: asiento para persona
banco: establecimiento público de crédito

Homófonos

Sin duda, debemos prestar atención en este tipo de palabras, pues ocasionan confusión a la hora de escribirlas o interpretarlas, ya que son las palabras que se pronuncian igual pero se escriben diferente y, por lo tanto, tienen distinto significado. Incluso la variación de la palabra recae en muchas ocasiones en una sola letra. Ejemplo:

hecho: del verbo hacer
Javier trata de esclarecer un hecho

echó: se refiere al acto de arrojar.
Javier echó más leña al fuego.

Como pudimos ver en los dos ejemplos anteriores, en la primera oración nos referimos a que Javier averiguaría algo que sucedió y en el segundo a que esta misma persona arrojó algo, por este motivo debemos estudiar y poner atención tanto al sustantivo como al verbo para determinar a qué tipo de *hecho* o *echó* se refieren.

ABREVIATURAS Y SIGLAS

Las abreviaturas y las siglas tienen similitud en cuanto a que ambas sintetizan lo que se desea expresar:

Abreviaturas

No existe regla absoluta para la formación de abreviaturas; sin embargo, en general se adoptan las primeras letras, aunque también se pueden combinar las primeras con las últimas letras de la voz y casi siempre termina en consonante o con la primera vocal (a) para indicar el género. Conviene no abreviar tanto porque pudiera no adivinarse el sentido del vocablo. Al final de la abreviatura siempre lleva punto.

Abreviaturas de uso común

administración	admón.	atención	at'n.
amplitud modulada	A.M.	auxiliar	aux.
antes de Cristo	a.C.	avenida	Av.
antes meridiano	a.m.	Boulevard	Blvr. Blvd.
Apartado Postal	A.P.	cada uno	c/u
arquitecto	Arq.	calzada	Calz.
artículo	art.	callejón	Cjón.
Asociación Civil	A.C.	centavos	cents.

centímetro(s)	cm. cms.	hectárea(s)	Ha(s).
cerrada	Cda.	ingeniero	Ing.
ciudad	Cd.	izquierda	izq.
ciudadano	C.	kilogramo	kg.
código postal	c.p.	kilómetro	km.
colonia	Col.	libras	lbs.
compañía	Cía.	licenciado	Lic.
Contador Público	C.P.	literatura	lit.
departamento	depto. Dep.	maestro/maestra	Mtro./Mtra.
derecha	der.	María	Ma.
después de Cristo	d.C.	Martínez	Mtz.
después de mediodía	P.M.	masculino	masc.
(pasado meridiano)		milímetro	mm.
diciembre	Dic.	Moneda Nacional	M.N.
diputado	Dip.	nacional	Nal.
director	Dir.	Noreste	N.E.
división	Div.	Noroeste	N.O.
doctor/doctora	Dr./Dra.	Norte	N. Nte.
dólares	Dls.	nosotros	nos.
edición	ed.	noviembre	Nov.
escuela	Esc.	número	Núm. No.
español	Esp.	octubre	Oct.
Estado	Edo.	Oeste	O.
Este (punto cardinal)	E.	oficina	ofna.
etcétera	etc.	Oriente	Ote.
extensión	Ext.	página	pág. p.
familiar	fam.	páginas	págs. pp.
febrero	Feb.	plaza	Pza.
femenino	fem.	Poniente	Pte.
Fernando	Fdo.	popular	pop.
ferrocarriles	F.C.	por poder	P.P.
fraccionamiento	Fracc.	Posdata	P.D.
Francisco	Fco.	Presidente	Pte.
frecuencia modulada	F.M.	privada	priv.
general	gral.	profesor/profesora	Prof./Profa.
grupo	gpo.	prolongación	Prol.
Guadalupe	Gpe.	Puerto	Pto.
habitantes	hab. h.	República Mexicana	Rep. Mex.
hacienda	Hda.	Revolución	Rev.

Santo/Santa	Sto./Sta.	Sur	S.
Secretaría	Sría.	Sureste	S.E.
Sector/Sección	Secc.	Suroeste	S.O.
secundaria	Sec.	tecnológico(a)	tec.
seguro servidor	s.s.	teléfono/teléfonos	tel./tels.
señor/señora	Sr./Sra.	televisión	T.V.
señorita	Srita.	usted/ustedes	ud./uds.
septiembre	Sep.	visto bueno	Vo. Bo.
siglo	s.	viuda	Vda.
sin número	s/n	volumen/volúmenes	vol./vols.
Sociedad Anónima	S.A.		

Abreviaturas de los estados federativos de México

Aguascalientes	Ags.	Morelos	Mor.
Baja California	B.C.	Nayarit	Nay.
Baja California Sur	B.C.S.	Nuevo León	N.L.
Campeche	Camp.	Oaxaca	Oax.
Chiapas	Chis.	Puebla	Pue.
Chihuahua	Chih.	Querétaro	Qro.
Coahuila	Coah.	Quintana Roo	Q. Roo.
Colima	Col.	San Luis Potosí	S.L.P.
Distrito Federal	D.F.	Sinaloa	Sin.
Durango	Dgo.	Sonora	Son.
Guanajuato	Gto.	Tabasco	Tab.
Guerrero	Gro.	Tamaulipas	Tamps.
Hidalgo	Hgo.	Tlaxcala	Tlax.
Jalisco	Jal.	Veracruz	Ver.
México	Méx.	Yucatán	Yuc.
Michoacán	Mich.	Zacatecas	Zac.

Siglas

Abreviaturas que se utilizan para representar las iniciales de países, entidades públicas o privadas, sociedades comerciales, instituciones, organizaciones civiles, algunas profesiones, etcétera.

Las siglas se forman con la letra inicial (a veces las dos iniciales) de todas las palabras que integran el nombre en cuestión. En éstas habrá consonantes o vocales según empiecen las palabras. No llevan punto al final de cada letra ni al final de la sigla.

Siglas nacionales mexicanas más usadas

AA	Alcohólicos Anónimos
ADO	Autobuses de Oriente
AMA	Asociación Mexicana Automovilística
AMPRYT	Asociación Mexicana de Periodistas de Radio y Televisión
ANDA	Asociación Nacional de Actores
ANUIES	Asociación Nacional de Universidades e Instituciones de Enseñanza Superior
ASA	Aeropuertos y Servicios Auxiliares
B. de M.	Banco de México
BANAMEX	Banco Nacional de México
BANCOMER	Banco de Comercio
CBETIS	Centro de Bachillerato Tecnológico Industrial y de Servicios
CCH	Colegio de Ciencias y Humanidades
CEBAS	Centro de Educación Básica para Adultos
CELE	Centro de Estudios de Lenguas Extranjeras (UNAM)
CETES	Certificados de la Tesorería
CETIS	Centro de Estudios Tecnológicos Industriales y de Servicios
CFE	Comisión Federal de Electricidad
CNC	Confederación Nacional Campesina

CNOP	Confederación Nacional de Organizaciones Populares
CNP	Consejo Nacional de la Publicidad
CNT	Confederación Nacional del Trabajo
CNTE	Consejo Nacional Técnico de la Educación
CONACULTA	Consejo Nacional para la Cultura y las Artes
CONACURT	Consejo Nacional de Cultura y Recreación para los Trabajadores
CONACYT	Consejo Nacional de Ciencia y Tecnología
CONADE	Comisión Nacional del Deporte
CONCAMIN	Confederación de Cámaras Industriales
CONCANACO	Confederación de Cámaras Nacionales de Comercio
COPLAMAR	Coordinación General del Plan Nacional de Zonas Deprimidas y Grupos Marginados
CTM	Confederación de Trabajadores Mexicanos
CU	Ciudad Universitaria
DDF	Departamento del Distrito Federal
DGPT	Dirección General de Policía y Tránsito
DIF	Desarrollo Integral de la Familia
ENS	Escuela Normal Superior
ESCA	Escuela Superior de Comercio y Administración
ESIA	Escuela Superior de Ingeniería y Arquitectura
ESIME	Escuela Superior de Ingeniería Mecánica Eléctrica
FAM	Fuerza Aérea Mexicana
FIFA	Federación Internacional de Futbol Asociación
FSTSE	Federación de Sindicatos de los Trabajadores al Servicio del Estado
ICA	Ingenieros Civiles Asociados
IFAL	Instituto Francés de América Latina
IFE	Instituto Federal Electoral
IMECA	Índice Metropolitano de Contaminación Ambiental
IMSS	Instituto Mexicano del Seguro Social
INAH	Instituto Nacional de Antropología e Historia
INBA	Instituto Nacional de Bellas Artes
INEA	Instituto Nacional de Educación para Adultos
INI	Instituto Nacional Indigenista
INSEN	Instituto Nacional de la Senectud
IPN	Instituto Politécnico Nacional
ISR	Impuesto sobre la Renta
ISSSTE	Instituto de Seguridad y Servicios Sociales para los Trabajadores del Estado

IVA	Impuesto al Valor Agregado
LOCATEL	Localización Telefónica (de personas extraviadas)
PFH	Oficina Federal de Hacienda
PAN	Partido Acción Nacional
PEMEX	Petróleos Mexicanos
PGJDF	Procuraduría General de Justicia del Distrito Federal
PGR	Procuraduría General de la República
PRD	Partido de la Revolución Democrática
PRI	Partido Revolucionario Institucional
PROFECO	Procuraduría Federal del Consumidor
RIP	Dencanse en paz (latín: *requiescat in pace*)
RTC	(Dirección General de) Radio, Televisión y Cinematografía
SAHOP	Secretaría de Asentamientos Humanos y Obras Públicas
SAM	Sistema Alimentario Mexicano
SARH	Secretaría de Agricultura y Recursos Hidráulicos
SCT	Secretaría de Comunicaciones y Transportes
SDN (SEDENA)	Secretaría de la Defensa Nacional
SECOFI	Secretaría de Comercio y Fomento Industrial
SECOM	Secretaría de Comercio
SECTUR	Secretaría de Turismo
SEP	Secretaría de Educación Pública
SHCP	Secretaría de Hacienda y Crédito Público
SIC	Secretaría de Industria y Comercio
SNTE	Sindicato Nacional de Trabajadores de la Educación
SRA	Secretaría de la Reforma Agraria
SRE	Secretaría de Relaciones Exteriores
STC	Sistema de Transporte Colectivo
UNAM	Universidad Nacional Autónoma de México

Siglas Internacionales

BM	Banco Mundial
BID	Banco Interamericano de Desarrollo
CEE	Comunidad Económica Europea (Mercomún)
COD	Cobrar o Devolver
COI	Comité Olímpico Internacional

FMI	Fondo Monetario Internacional
MCE	Mercado Común Europeo
NASA	National Air Space Agency (Agencia Nacional del Espacio Aéreo – USA)
OEA	Organización de Estados Americanos
OMS	Organización Mundial de la Salud
ONU	Organización de las Naciones Unidas
OPEP	Organización de Países Exportadores de Petróleos
OTAN	Organización del Trabajo del Atlántico Norte
SIDA	Síndrome de Inmuno Deficiencia Adquirida
SME	Sistema Monetario Europeo
SMI	Sistema Monetario Internacional
SOS	Llamada Internacional de Auxilio (siglas en inglés)
TLC	Tratado de Libre Comercio (México-USA-Canadá)
UNESCO	Organización de las Naciones Unidas para la Educación, Ciencia y Cultura (siglas en inglés)
USA	United States of America (Estados Unidos de América)
VIP	Persona muy importante (very important person)

SIGNOS DE PUNTUACIÓN

Los signos de puntuación son las guías para construir, con lógica, un texto; de esta manera tendrá una intención y un sentido de acuerdo a la separación que exista entre una y otra idea. Por lo tanto, la puntuación determina cómo debe interpretarse un manuscrito en relación al significado o significados que el autor ha vertido. Estos signos son los siguientes:

- El punto
- La coma
- Punto y coma
- Dos puntos
- Puntos suspensivos
- Signos de admiración
- Signos de interrogación
- Paréntesis
- Comillas
- El guión
- La raya o guión largo
- Asterisco
- Llaves
- Diéresis o Crema

Punto (.)

Es el signo de puntuación que indica un corte de expresión y, por lo tanto, señala una pausa. Existen tres clases de puntos:

1. Punto y seguido.
2. Punto y aparte.
3. Punto final.

Punto y seguido: sirve para separar ideas secundarias y que son complementarias con la idea principal del párrafo. Ejemplo:

> *Estaba ahí. Era el atardecer más maravilloso; parecía no terminar. Sus más vivos colores: azul, naranja y violeta, se depositaban en las nubes. Y aunque el Sol se alejaba y a cada paso, en su adiós, sus rayos cual celeste visón, más incendiaba los colores y la atmósfera.*

Punto y aparte: es el punto que, en un texto, da término a un párrafo. Por lo mismo, el punto y aparte es indicador de que el tema o texto ha concluido y que continúa en el renglón siguiente. Ejemplo:

> *El presente trabajo es un apoyo para el estudiante y pretende que éste aplique la ortografía de manera natural en ejercicios accesibles y cotidianos.*
>
> *En este trabajo se advierte la intención didáctica...*

Punto final: como su nombre lo indica, se usa para finalizar un texto, aunque también y como ya lo hemos visto, se usa al final de las abreviaturas. Ejemplo:

> *Al darse por concluida una obra literaria, en la mayoría de los casos, no se debería poner el tan menciona-*

do punto final: primero porque existen omisiones y segundo porque sobre lo que se escribió, siempre habrá mucho más qué decir.

Coma (,)

La coma es el signo de puntuación que en la lectura indica una pausa breve, casi continua, la cual se utiliza en los siguientes casos:

• *En enumeraciones*: para separar sustantivos, adjetivos, verbos, frases y oraciones, excepto cuando la coma es cambiada por los enlaces o nexos: *y, e, ni, o*. Ejemplo:

  Ahora que estás aquí puedo decirte lo mucho que te extraño, te quiero, te amo y me hacías falta.

  Jennifer es una hija ejemplar: ayuda con las labores de la casa, obtiene buenas calificaciones y nunca llega tarde.

• *Antes y después de invocaciones*: este apartado lo podríamos explicar de mejor manera con ejemplos:

  Escucha, amor mío, la voz de tu corazón y de tu mente.

  Mi propósito como madre, hijo mío, es que me superes.

• *Antes y después de una explicación*: además indica que esta explicación se puede suprimir (quitar) sin alterar el sentido de la oración. Ejemplo:

  El niño, cual si fuera espejo, será como sus educadores.

- *Antes de conjugaciones adversativas*: en expresiones breves cuando enlazan ideas contrarias. Ejemplo:

  Es humilde, pero limpio.

  No era niña, sino mujer.

- *Para suplir un verbo fácil de suponer*: ejemplo.

  El Sol ilumina a los guías, la Luna, a los soñadores.

  El novelista escribe novelas, el poeta, poesía.

Como pudimos ver en los ejemplos anteriores, suprimimos el verbo que era obvio que se repetía.

- *Utilizamos la coma al final de oraciones formadas por gerundios o participios.* Ejemplo.

  Terminado mi día, estaré contigo.

  Traspasando la oscuridad, reina la luz.

- *Se usa antes y después de las siguientes expresiones:*

  por último, es decir, por tanto, por ejemplo, etcétera.

Punto y coma (;)

El punto y coma indica una pausa mayor que la coma y es utilizada en los siguientes casos:

- Para separar pensamientos completos, o ideas que sean muy extensas.

  Recibí la perra que me mandó, es tan sucia; como usted ya me lo había advertido, mi hermano que es muy delicado seguramente le dará una buena paliza en cuanto la vea, pero muchas gracias.

- En las numeraciones que tengan coma. Ejemplo:

  El día de mi graduación llegó y todos me felicitaron: Roberto, que es mi novio; Mónica, su hermana; Juan Pablo, su amigo; y Dalia, su mamá.

- Se usa punto y coma antes de las conjunciones *no obstante, con todo, sin embargo,* ya sea en oraciones cortas o extensas. Ejemplo:

  Juan estaba cansado; sin embargo, nos acompañó al mercado.

  Gabriela está enferma; no obstante, irá a tu fiesta.

- Se escribe el punto y coma antes de las conjunciones *pero, mas, aunque, porque, así,* en oraciones extensas. Ejemplo:

  Quisiera ir a Europa este fin de año; pero tengo que estar con mi familia.

- Para separar oraciones extensas que tienen un mismo sujeto. Ejemplo:

  Isabel es una niña muy inquieta que tiene seis años; mide un metro cuarenta de estatura; pesa 28 kilos; está dentro del cuadro de honor y quiere a toda su familia.

Dos puntos (:)

Es el signo de puntuación que indica una pausa y su función es anunciar una explicación o una secuencia; se aplica en los siguientes casos:

- Cuando una expresión finaliza con la palabra *son*, que indica que a continuación viene una enumeración o ejemplos de lo que se está expresando. Ejemplo:

  Las flores más conocidas son: rosa, clavel, bugambilia, azucena, etcétera.

- Después de las expresiones de cortesía, dedicatoria o saludo, que de común se usan en cartas, discursos y otros documentos. Ejemplo:

  Querido amigo:
  Hoy amanecí pensando en ti...

  Amado mío:
  Cómo quisiera que en estos momentos estuvieras junto a mí...

- Antes de citar textualmente las palabras de otra persona:

  El chileno Pablo Neruda, premio Nobel de Literatura, en uno de sus poemas dijo: "En noches como ésta, la tuve entre mis brazos".

- Cuando al hacerse una oración, en seguida ésta se explica con otra u otras oraciones. Ejemplo:

  Para el hombre, el amor es el sentimiento más hermoso: por él se abandona todo, pero también es la energía de saber que no existen imposibles.

Puntos suspensivos (...)

Son tres puntos seguidos escritos sin dejar espacios y los empleamos en los siguientes casos:

- Cuando dejamos incompleta o en suspenso la oración. Ejemplo:

  Sonriendo estaba en deseo cuando...

  Sofía no estaba preparada para...

  Sí, esta noche... espero que pienses en mí, amado mío.

- Para cambiar el sentido de la oración o para expresar emoción, expectación, duda, temor, dentro de la misma oración. Ejemplo:

  Espera... guarda silencio... creo que alguien viene.

- Al citar fragmentos de un texto; en este caso, los puntos suspensivos pueden ir al inicio o en medio de la oración.

- Cuando escribimos parte de un refrán ponemos puntos suspensivos, ya que el complemento se sobreentiende. Ejemplo:

  Camarón que se duerme...

  Al que madruga Dios le...

  Al buen entendedor...

  Árbol que nace torcido...

  Agua que no has de beber...

  Ni pitchas, ni cachas, ni...

Signos de admiración (¡!)

Son los signos que indican una exclamación o una admiración. Dichos signos son dos: uno que abre o inicia la exclamación o admiración y el otro que la cierra o termina. Ejemplo:

¡Qué bella eres!

¡Hay mamá, el hombre lobo!

¡Ah, qué maravillosa es la vida!

Signos de interrogación (¿?)

Son los signos que indican que se está haciendo una pregunta. Al igual que en el caso anterior, los signos de interrogación son dos: uno que abre o inicia la pregunta y otro que la cierra para terminarla. Ejemplo:

¿Cómo has estado?

¿Cuándo volverás?

¿Por qué te fuiste sin mí?

Paréntesis ( )

Es un signo ortográfico doble que se usa para anexar (añadir) información o mensajes en los casos siguientes:

- Para citar fechas, datos aclaratorios, citas bibliográficas, etcétera. Ejemplo:

  La Independencia de México (1810) determinó un cambio no sólo político, sino social.

- Para incluir información incidental o complementaria a la que se está expresando. Ejemplo:

  Sé que algún día volverás (cuando pienses en mí) y regresará la felicidad.

- Para explicar las siglas que se emplean en el texto. Ejemplo.

  El secretario de la ONU (Organización de las Naciones Unidas) visitará México...

Las comillas (" ")

Son dos pares de comas que van en la parte superior de la palabra; unas abren y las otras cierran. Se usan en una expresión que se desea hacer notar y se emplean en: cuentos y poemas, apodos, citas textuales, frases célebres, etcétera.

El guión (—)

El guión se divide en dos:

1. Guión corto
2. Guión largo

Guión corto: es un signo ortográfico que se usa en los siguientes casos:

- Para separar dos palabras que se relacionan entre sí. Ejemplo:

  mi tío es anglo-sajón.

- Cuando al terminar un renglón y la palabra no cupo en su totalidad, como ya lo mencionamos, se separa silábicamente mediante un guión corto y se continúa escribiendo la misma en el siguiente renglón.
- Para indicar año de nacimiento y defunción de una persona.

Guión largo: conocido también como guión mayor, es una línea horizontal de más extensión que el guión corto, el cual se usa de la siguiente manera:

- En un texto dialogado para indicar el cambio de interlocutor y así evitar repeticiones como: dijo, repuso, respondió, replicó, etcétera. Ejemplo:

    —¿Estás aquí?

    —Desde hace tiempo.

- Se puede usar también como si fuera paréntesis, por lo que tiene las mismas funciones en cuanto a: interrumpir la oración, para indicar una nota aclaratoria, explicativa, dar información complementaria, cuya característica es que, de omitirse lo que está entre los dos guiones largos, no alterará el sentido de lo escrito.

Asterisco (*)

Es un signo ortográfico que se representa mediante una estrella encerrada entre paréntesis que se usa en los siguientes casos:

- Para llamar la atención de una oración o fragmento que se explica al pie de la página o en otro lugar.

• Indicar la fecha de nacimiento de una persona.

Llave ({ })

Este signo lo utilizamos para encerrar una enumeración de puntos, conceptos, divisiones, etcétera. Que se relacionan entre sí. Ejemplo:

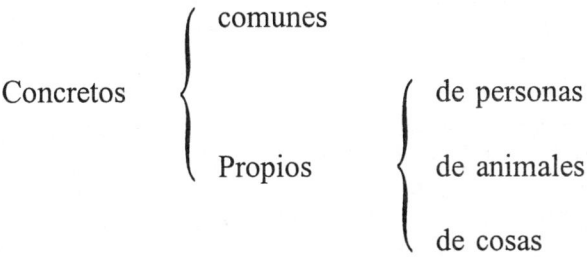

Diéresis o Crema (ü)

Es un signo consistente de dos puntos que exclusivamente se colocan sobre la letra *u* con lo cual se indica que ésta debe ser pronunciada en las sílabas *güe*, *güi*.

FUNCIÓN DE LAS PALABRAS
Y PARTES DE LA ORACIÓN

Hemos estudiado la formación de las palabras, su acentuación y los signos de puntuación con los que adquiere sentido un texto (recordemos que éste está compuesto de varias oraciones); pero creemos que es conveniente abordar el tema de las oraciones y sus componentes, de esta manera nuestra forma de expresarnos (escrita) será más eficiente.

Oración

La oración es un conjunto de palabras enlazadas y relacionadas entre sí que expresa una idea con sentido completo. Ejemplo.

Jennifer sonríe cuando está contenta.

Luis canta diariamente durante el baño.

La vida es hermosa cuando se tiene alguien como tú.

Ahora bien, las palabras, ya sea por las ideas que expresan o por su función, se dividen en:

- Artículo
- Sustantivo

- Adjetivo
- Pronombre
- Adverbio
- Preposición
- Conjunción
- Interjección
- Verbo

Artículo: es una parte variable de la oración y es definido como la palabra que limita la extensión del término que procede:

La utilización de éste determinará el grado de conocimiento o el número (singular o plural) de la palabra que antecede.

Sustantivo: es la palabra que se emplea para designar seres, personas, objetos o ideas. Es definido también como "aquella parte de la oración que sirve para designar seres, personas o cosas que tienen existencia independiente". Dicho en otras palabras, un sustantivo es todo lo que tiene nombre, ya sea persona, animal o cosa y puede ser propio o común.

Adjetivo: es una parte variable de la oración que modifica al sustantivo, calificándolo o determinándolo. La relación que establece puede ser de cualidad (calificativo), de espacio (demostrativo), de pertenencia (posesivo), etcétera. Ejemplo.

La mañana nublada no permitía mirar

La niña es muy tierna

El peor enemigo es el que no se ve

Pronombre: esta palabra indica que va en lugar del nombre; es la parte variable de la oración que señala a una persona o cosa sin nombrarla y es por ello que determina o sustituye al nombre o sustantivo. Los pronombres se dividen en:

* Demostrativos
* Personales
* Relativos
* Indefinidos o indeterminados

Pronombres demostrativos: son los que señalan o muestran personas, animales o cosas. Ejemplo:

> *este, esta, estas, esa, eso,* etcétera.

Pronombres personales: palabras que hacen las veces del nombre y toma el género y número de éste. Ejemplo:

> *yo, me, mi, tú, nosotros, nosotras, nos, se, sí,* etcétera.

Pronombres relativos: son los que defienden a alguien o algo de lo que recién se ha hablado o se supone que se le conoce. Ejemplo:

> *que, quien, cual, cuanto, cuyo*

Pronombres indefinidos o indeterminados: son los que se utilizan para aludir a personas o cosas. Ejemplo:

> *alguno, demasiado, cualesquiera, nada, nadie, cual, quien, tal,* etcétera.

Adverbio: parte invariable de la oración que califica o determina el significado del verbo, del adjetivo o del mismo adverbio. Se divide en:

- De lugar: *aquí, acá, ahí, allí, allá, cerca, encima*, etcétera.
- De tiempo: *hoy, ahora, mañana, siempre*, etcétera.
- De orden: *sucesivo, antes, después, primero*, etcétera.
- De modo: *mal, alto, así, apenas*, etcétera.
- De afirmación: *cierto, también, sí*, etcétera.
- De negación: *tampoco, no, nunca, jamás*, etcétera.
- De duda: *tal vez, quizá, acaso*, etcétera.

Preposición: parte invariable de la oración que muestra la relación que hay entre dos palabras. Las preposiciones son diecinueve: *a, ante, bajo, cabe, con, contra, de, desde, en, entre, hacia, hasta, por, para, según, sin, so, sobre, tras.*

Conjunción: parte invariable de la oración que manifiesta el vínculo entre dos o más palabras u oraciones. Se divide en:

- Copulativas: *y, e, ni, que.*
- Disyuntivas: *o, u, ya, ora, bien.*
- Adversativas: *pero, mas, aun, sino, excepto, aunque.*
- Causales: *pues, porque, con que, luego, que.*

Interjección: son básicamente exclamaciones como: *¡caray!, ¡ajá!, ¡cáspita!, ¡vaya!*, etcétera.

Verbo: es, sin duda, la parte más variable de la oración; denota acción, pasión o estado de un cierto evento o individuo. Es el componente indispensable de la oración formal, puesto que concreta el tiempo y determina lo que sucede o lo que se hace. Los verbos se dividen en:

- *Regulares*: son los que en todos sus tiempos y personas conservan sus letras radicales y toman las terminaciones ordinarias de la conjugación a que pertenece; la mayor parte de ellos están contenidos en una sola conjugación: terminados en *ar*.

- *Irregulares*: los que al conjugarse alteran sus radicales o las terminaciones ordinarias; no se consideran irregularidades los cambios de letras por reglas ortográficas. Ejemplo:

  Forzar-forcé, construir-construya, etcétera.

- *Defectivos*: son aquellos verbos que no tienen algunos tiempos y personas. Ejemplo:

  Abolir, concernir, etcétera.

- *Impersonales o unipersonales*: estos verbos se utilizan únicamente en el infinito y en la tercera persona del singular de todos los tiempos, caracterizándose de ser unipersonales cuando llevan sujeto. Ejemplo:

  Llueve en mi interior desde el día en que atardeció por tu partida.

Los verbos impersonales son: *alborear, centellar, diluviar, llover, tronar, amanecer, clarear, escampar, lloviznar, ventiscar o ventisquear, anochecer, chaparrear, escarchar, nevar, atardecer, chispear, granizar, oscurecer, centellar, chubasquear, helar, relampaguear.*

Conjugación de verbos

Una vez que estudiamos la oración y sus partes, es importante que comprendamos la conjugación de los verbos; es por ello, que a continuación te mostramos un ejemplo de todos los tiempos del verbo cantar.

Recordemos que esta palabra y todas las palabras cuentan con una raíz, la cual no cambia en la conjugación de verbos;

en este caso es: <u>Cant</u> y la parte de la palabra que sí varía es:
<u>ar</u>.

MODO INDICATIVO		**MODO SUBJUNTIVO**	
Presente	**Antepresente**	**Presente**	**Antepresente**
yo cant-o	he cant-ado	yo cant-e	haya cant-ado
tú cant-as	has cant-ado	tú cant-es	hayas cant-ado
él cant-a	ha cant-ado	él cant-e	haya cant-ado
nos. cant-amos	hemos cant-ado	nos. cant-emos	hayamos cant-ado
uds. cant-an	han cant-ado	uds. cant-en	hayan cant-ado
ellos cant-an	han cant-ado	ellos cant-en	hayan cant-ado
Pretérito	**Antepretérito**	**Pretérito**	**Antepretérito**
yo cant-é	hube cant-ado	yo cant-ara o cantase	hubiera o hubiese cant-ado
tú cant-aste	hubiste cant-ado	tú cant-aras o cantases	hubieras o hubieses cant-ado
él cant-ó	hubo cant-ado	él cant-ara o cantase	hubiera o hubiese cant-ado
nos. cant-amos	hubimos cant-ado	nos. cant-áramos o cantásemos	hubiéramos o hubiésemos cant-ado
uds. cant-aron	hubieron cant-ado	uds. cant-aran o cantasen	hubieran o hubiesen cant-ado
ellos cant-aron	hubieron cant-ado	ellos cant-aran o cantasen	hubieran o hubiesen cant-ado
Futuro	**Antefuturo**	**Futuro**	**Antefuturo**
yo cant-aré	habré cant-ado	yo cant-are	hubiere cant-ado
tú cant-arás	habrás cant-ado	tú cant-ares	hubieses cant-ado
él cant-ará	habrá cant-ado	él cant-are	hubiere cant-ado
nos. cant-aremos	habremos cant-ado	nos. cant-áremos	hubiéremos cant-ado
uds. cant-arán	habrán cant-ado	uds. cant-aren	hubieren cant-ado
ellos cant-arán	habrán cant-ado	ellos cant-aren	hubieren cant-ado
Copretérito	**Antecopretérito**		
yo cant-aba	había cant-ado		
tú cant-abas	habías cant-ado		
él cant-aba	había cant-ado		
nos. cant-ábamos	habíamos cant-ado		
uds. cant-aban	habían cant-ado		
ellos cant-aban	habían cant-ado		

MODO INFINITIVO

Formas simples

Infinitivo	cant-ar
Gerundio	cant-ando
Participio	cant-ado

Formas compuestas

| *Infinitivo* | haber cant-ado |
| *Gerundio* | habiendo cant-ado |

MODO POTENCIAL

Pospretérito

yo cant-aría
tú cant-arías
él cant-aría
nos. cant-aríamos
uds. cant-arían
ellos cant-arían

Antepospretérito

habría cant-ado
habrías cant-ado
habría cant-ado
habríamos cant-ado
habrían cant-ado
habrían cant-ado

MODO IMPERATIVO

Presente

canta (tú)   cantemos (nosotros)
cante (él)   canten (ustedes)
                canten (ellos)

ESCRITURA DE LOS NÚMEROS ROMANOS

I	Uno	XXVI	Veintiséis
II	Dos	XXVII	Veintisiete
III	Tres	XXVIII	Veintiocho
IV	Cuatro	XXIX	Veintinueve
V	Cinco	XXX	Treinta
VI	Seis	XL	Cuarenta
VII	Siete	L	Cincuenta
VIII	Ocho	LX	Sesenta
IX	Nueve	LXX	Setenta
X	Diez	LXXX	Ochenta
XI	Once	XC	Noventa
XII	Doce	C	Cien
XIII	Trece	CI	Ciento uno
XIV	Catorce	CX	Ciento diez
XV	Quince	CL	Ciento cincuenta
XVI	Dieciséis	CXC	Ciento noventa
XVII	Diecisiete	CC	Doscientos
XVIII	Dieciocho	CCC	Trescientos
XIX	Diecinueve	CD	Cuatrocientos
XX	Veinte	D	Quinientos
XXI	Veintiuno	DC	Seiscientos
XXII	Veintidós	DCC	Setencientos
XXIII	Veintitrés	DCCC	Ochocientos
XXIV	Veinticuatro	CM	Novecientos
XXV	Veinticinco	M	Mil

ESCRITURA DE LOS NÚMEROS CARDINALES

1	uno	29	veintinueve
2	dos	30	treinta
3	tres	31	treinta y uno
4	cuatro	32	treinta y dos
5	cinco	33	treinta y tres
6	seis	34	treinta y cuatro
7	siete	35	treinta y cinco
8	ocho	36	treinta y seis...
9	nueve	40	cuarenta
10	diez	41	cuarenta y uno
11	once	42	cuarenta y dos..
12	doce	50	cincuenta
13	trece	51	cincuenta y uno...
14	catorce	60	sesenta
15	quince	61	sesenta y uno...
16	dieciséis	70	setenta
17	diecisiete	71	setenta y uno...
18	dieciocho	80	ochenta
19	diecinueve	81	ochenta y uno...
20	veinte	90	noventa
21	veintiuno	91	noventa y uno...
22	veintidós	100	cien
23	veintitrés	101	ciento uno
24	veinticuatro	102	ciento dos...
25	veinticinco	110	ciento diez...
26	veintiséis	114	ciento catorce
27	veintisiete	115	ciento quince...
28	veintiocho	120	ciento veinte

121	ciento veintiuno
122	ciento veintidós...
130	ciento treinta
131	ciento treinta y uno...
140	ciento cuarenta
143	ciento cuarenta y tres
150	ciento cincuenta
190	ciento noventa
200	doscientos
201	doscientos uno
208	doscientos ocho
228	doscientos veintiocho
270	doscientos setenta
300	trescientos
342	trescientos cuarenta y dos
400	cuatrocientos
442	cuatrocientos cuarenta y dos
500	quinientos
600	seiscientos
700	setecientos
800	ochocientos
900	novecientos
1,000	mil
1,001	mil uno
1,010	mil diez
1,995	mil novecientos noventa y cinco
2000	dos mil
2020	dos mil veinte
3,000	tres mil
4,000	cuatro mil
5,000	cinco mil
9,999	nueve mil novecientos noventa y nueve
10,000	diez mil
10,209	diez mil doscientos nueve
17,302	diecisiete mil trescientos dos
100,000	cien mil
100,020	cien mil veinte
200,000	doscientos mil
300,000	trescientos mil
400,000	cuatrocientos mil...

Recordemos que los números son infinitos.

NÚMEROS ORDINALES

1°	Primero	40°	Cuadragésimo
2°	Segundo	41°	Cuadragésimo primero
3°	Tercero	50°	Quincuagésimo
4°	Cuarto	51°	Quincuagésimo primero
5°	Quinto	60°	Sexagésimo
6°	Sexto	61°	Sexagésimo primero
7°	Séptimo	70°	Septuagésimo
8°	Octavo	71°	Septuagésimo primero
9°	Noveno	80°	Octogésimo
10°	Décimo	81°	Octogésimo primero
11°	Undécimo o décimo primero	90°	Nonagésimo
12°	Duodécimo o décimo segundo	91°	Nonagésimo primero
20°	Vigésimo	100°	Centésimo
21°	Vigésimo primero		
30°	Trigésimo		
31°	Trigésimo primero		

EJERCICIOS

Como pudieron ver, el escribir y acentuar correctamente una palabra nos permite que nuestra oración o conjunto de oraciones (texto) sea legible (entendible), lo cual nos lleva sin duda a obtener mejores resultados en todos los aspectos de nuestra educación (primaria, secundaria, etcétera) y sobre todo, en nuestra vida profesional. Debemos tomar siempre en cuenta que las faltas de ortografía, la carencia de signos de puntuación y el uso incorrecto de las palabras no sólo dan mal aspecto de nuestra persona, sino también nos eliminan posibilidades de crecimiento. Estamos convencidos que el presente manual le ayudará a que la gramática ya no sea una tarea difícil y aburrida; por el contrario, esperamos que todos y cada uno de los ejercicios hayan sido los adecuados para mostrarle y hacerle más fácil su aprendizaje.

De esa manera sabemos que la forma más sencilla de demostrar lo aprendido es realizando pequeños exámenes o ejercicios que le ayudarán a aplicar sus conocimientos. Por tanto, decidimos incluir en este pequeño manual, algunos de ellos.

Ejercicio I:

Acentúe las siguientes palabras. Algunas de ellas las vio usted dentro de los ejemplos del manual. Recuerde también que en algunas el acento no se escribe:

facil	Canada	dificil	entendi
promesa	lengua	pais	conjugacion
patines	automovil	zapato	japones
jabali	alcohol	limon	arbol
campana	sueter	Mexico	sombrero
oficio	reputacion	responsable	inquieto

Ejercicio II:

Coloca la letra que falta en las siguientes palabras:

Colo__bia	co__vivió	co__vencer	co__paración
co__binado	ca__biar	co__versar	e__vinado

Ejercicio III:

A los siguientes textos les faltan signos de puntuación para darles sentido. Escríbelos en forma correcta.

1. Un señor tenía un perro y la madre del señor era también la madre del perro.

_____

_____

2. Estimada amiga Mayra

Recibí la perrita que me mandó es tan sucia como usted ya me lo había advertido mi hermano que es muy delicado seguramente le dará una paliza en cuanto la vea.

_____

_____

_____

_____

3. Apreciable maestro Eduardo es un grosero usted lo reprenderá mi esposo le aplicará un enérgico castigo si no se corrige el muchacho me lo dirá usted no se escapará de una buena tunda que le propinará su servidora.

_____

_____

_____

_____

_____

4. Ahora dale otro sentido al mismo texto anterior.

_____

_____

_____

_____

_____

Ejercicio IV:

Arma la oración con las siguientes palabras:

- Madrugada, José, en la, cantó.

  _____

- Jennifer, fueron, Clara, a la, escuela, por la, y Luisa, mañana.

  _____

- Flores, marchitas, estaban, él, cuando, llegó, Las.

  _____

Ejercicio V:

A las siguientes oraciones les faltan los signos de interrogación y exclamación. Observa detalladamente y dales un sentido, además de corregirlos ortográficamente:

- Como has estado

  _____

- Hay mamá el hombre lobo

  _____

- Por qué estas tan lejos de mi

  _____

- Eres tan hermosa

  _____

- Te odio te odio te odio... ya basta... no sabes que del odio al amor hay un solo paso.

- Ah... si supieras lo que tu me inspiras

RESPUESTAS:

Ejercicio I:

fácil, Canadá, difícil, entendí, promesa, lengua, país, conjugación, patines, automóvil, zapato, japonés, jabalí, alcohol, limón, árbol, campana, suéter, México, sombrero, oficio, reputación, responsable, inquieto.

Ejercicio II:

Colombia, convivió, convencer, comparación, combinado, cambiar, conversar, envinado.

Ejercicio III:

1. Un señor tenía un perro y la madre; del señor, era también la madre del perro.

2. Estimada amiga Mayra:
   Recibí la perrita que me mandó, es tan sucia; como usted ya me había advertido, mi hermano que es muy delicado seguramente le dará una buena paliza, en cuanto la vea.

3. Apreciable maestro: Eduardo es un grosero; usted lo reprenderá: mi esposo le aplicará un enérgico castigo. Si no se corrige el muchacho, me lo dirá usted: no se escapará de una buena tunda que le propinará su servidora.

4. En este caso vamos a suponer que la madre no sabía utilizar bien los signos de puntuación, situación que Eduardo aprovecha para darle el siguiente sentido:

Apreciable maestro Eduardo: es un grosero usted; lo reprenderá mi esposo, le aplicará un enérgico castigo. Si no se corrige, el muchacho me lo dirá: usted no se escapará de una buena tunda que le propinará su servidora.

Ejercicio IV:

1. José cantó en la madrugada.

2. Jennifer, Clara y Luisa fueron por la mañana a la escuela.

3. Las flores estaban marchitas cuando él llegó.

Ejercicio V:

1. ¿Cómo has estado?

2. ¡Hay mamá, el hombre lobo!

3. ¿Por qué estás tan lejos de mí?

4. ¡Eres tan hermosa!

5. Te odio, te odio, te odio, ¡ya basta!; ¿no sabes que del odio al amor hay un solo paso?

6. ¡Ah!, si supieras lo que tú me inspiras.

ÍNDICE

Esta obra se termino de imprimir
en Agosto del 2013 en los
talleres de Offset Efectivo, S.A. DE C.V.
Plaza del árbol No. 7 Col. Dr. Alfonso Ortiz Tirado
C.P. 09020 México, D.F.
Tiro 1,000 ejemplares más sobrantes